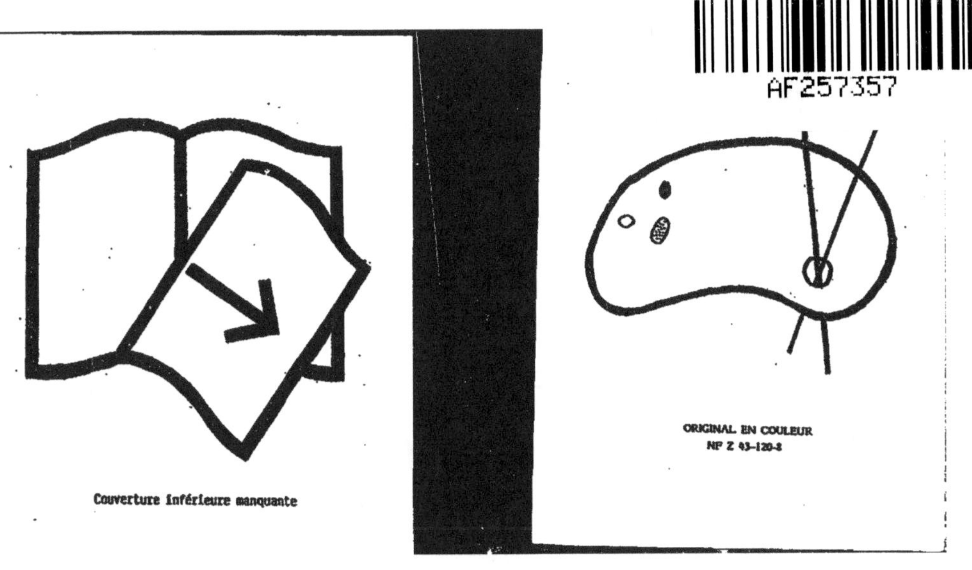

Couverture inférieure manquante

V

DOM

FRANÇOIS CLÉMENT

BIBLIOTHÉCAIRE DES BLANCS MANTEAUX

LETTRES INÉDITES PUBLIÉES PAR

A. M. P. INGOLD

SUIVIES D'UN APPENDICE CONTENANT DIX-SEPT LETTRES
DE DOM CLÉMENT A GERBERT

PARIS
A. PICARD & Fils
Rue Bonaparte, 82

COLMAR
Henri HUFFEL
Place neuve

1895

V

DOM
FRANÇOIS CLÉMENT

BIBLIOTHÉCAIRE DES BLANCS MANTEAUX

LETTRES INÉDITES PUBLIÉES PAR

A. M. P. INGOLD

SUIVIES D'UN APPENDICE CONTENANT DIX-SEPT LETTRES
DE DOM CLÉMENT A GERBERT

<div style="text-align:center">~~~~~~~~~~</div>

<table>
<tr><td>PARIS
A. PICARD & FILS
Rue Bonaparte, 82</td><td>COLMAR
Henri HUFFEL
Place neuve</td></tr>
</table>

1895

RIXHEIM. — IMPRIMERIE F. SUTTER & Cie.

DOM FRANÇOIS CLÉMENT

BIBLIOTHÉCAIRE DES BLANCS-MANTEAUX.

Au milieu du siècle dernier c'est au couvent des Blancs-Manteaux [1]) que se trouvaient les vrais représentants, non-seulement de la régularité monastique, mais aussi de la gloire littéraire de l'ordre bénédictin. L'*Art de vérifier les dates*, la *Nouvelle diplomatique*, l'*Histoire littéraire de France*, les *Historiens des Gaules*, les *Conciles des Gaules et de la France* ... etc..., tous ces admirables ouvrages ont été composés ou continués aux Blancs-Manteaux. Parmi les célèbres mauristes de ces derniers temps, on peut dire que le plus savant fut Dom Clément, le correspondant de Grandidier. Né en 1714 à Bèze, près de Dijon, où il y avait eu autrefois une célèbre abbaye, le frère François avait fait profession à Vendôme, puis n'avait pas tardé à être adjoint aux savants des Blancs-Manteaux. Les lettres qu'on va lire nous feront connaître sa vie et ses ouvrages. Parmi ces

---

1) Dont l'église est devenue, comme on le sait, une paroisse de Paris tandis que le monastère a fait place au Mont-de-piété. Presque en face est le local de l'*Ecole des Chartes*, où sont formés nos modernes bénédictins.

derniers il faut mentionner spécialement sa participation à l'*Histoire littéraire de la France*, à la rédaction de laquelle il fut attaché à partir de 1750. [1] Quelques années plus tard, en 1774, préparant la troisième édition de l'*Art de vérifier les dates*, Dom Clément chargeait Dom Grappin [2] de lui communiquer les documents concernant l'Alsace. [3] Celui-ci, nous le verrons plus tard dans sa correspondance avec Grandidier, mettait à contribution, pour renseigner exactement son confrère de Paris, l'historien de Strasbourg. Mais bientôt nos deux savants furent en relations directes, et c'est à propos de la publication du premier volume de l'*Histoire des évêques de Strasbourg* que la correspondance qu'on va lire commença.

I.

De *Paris*, 15 janvier 1777. [4]

J'avais la plume à la main pour vous accuser la réception du premier volume de votre Histoire de Strasbourg, lorsque j'ai reçu votre lettre par laquelle vous annonciez cet envoi. J'ai dévoré le volume aussitôt qu'il a été entre mes mains, et j'en ai déjà parcouru la moitié. Je ne puis qu'applaudir à l'ensemble qui forme cet ouvrage. Votre manière d'écrire est brillante, pleine d'imagination, assaisonnée d'une critique judicieuse et exacte. Vos quatre dissertations préliminaires m'ont fait beaucoup de plaisir, parce que vous y traitez avec beaucoup d'ordre et de sagacité des points importants qui n'avaient pas

---

[1] Cfr. U. Robert, *Documents inédits concernant l'Histoire littéraire de la France*, p. 113 et 123.

[2] Que je n'ai plus besoin de faire connaître à mes lecteurs. Cfr. le No I des Correspondants de Grandidier.

[3] Les lettres de D. Clément à Dom Grappin ont été publiées par Dantier, *Mémoires scientifiques et littéraires* III, 1857, I, et plus récemment dans le tome 6e, p. 168, de la *Revue nouvelle d'Alsace-Lorraine*.

[4] J'extrais les lettres de D. Clément à Grandidier du mss. de la Bibliothèque de Colmar dont il a été question dans le No II, p. 7, note 3.

encore été bien éclaircis. Je n'ai pas (eu) moins de satisfaction à lire les digressions que vous faites de temps en temps sur les anciennes mœurs et coutumes des Français. Ce sont d'agréables repos pour le lecteur fatigué de la sécheresse des premiers temps de votre Église. Vos notes sont instructives et placées fort à propos.

Dom Clément ne devait pas se borner à féliciter ainsi notre historien. Bientôt il faisait connaître son ouvrage au public. Aux remercîments de Grandidier, le savant bibliothécaire répond par de sages conseils dont le jeune chanoine de Strasbourg sut profiter et que devraient méditer tous ceux qui veulent mériter le titre d'historien.

II.

A *Paris,* le 7 Septembre 1777.

Je suis ravi de la satisfaction que vous a donnée l'extrait que j'ai fait insérer de votre ouvrage dans le *Journal français....* A l'égard des éloges que je lui ai donnés, je suis bien sûr que vos lecteurs n'y trouveront rien que de conforme à la vérité. Si vous avez trouvé le secret de semer des fleurs sur le terrain inculte que vous avez été obligé de défricher dans votre premier volume, on doit s'attendre que l'intérêt et l'agrément iront toujours en croissant dans les suivants, où il y aura moins d'épines à arracher et plus de faits importants à développer. Pour vous parler franchement, je ne crains qu'une chose pour vous : c'est que vers la fin de votre histoire, entraîné par certaines considérations, vous ne démentiez un peu ce caractère d'impartialité qui n'est pas un des moindres ornements de votre premier volume et que le *Journal encyclopédique* et celui *des savants* ont eu soin de faire remarquer. Pour vous préserver de cet écueil, je pense que vous ferez bien de vous transporter dans les siècles à venir, pour considérer de là les événements du nôtre, et les apprécier comme fera la postérité. Si vous ne vous trouvez pas d'accord avec elle dans les jugements que vous porterez et des personnes et des choses, si elle s'apperçoit que le préjugé ou l'intérêt ont conduit votre plume, vous manquerez sa confiance et son estime, et vous serez mis au rang des

historiens dont on doit suspecter la fidélité : ce qui est une tache que
ni les beautés du style ni la finesse des réflexions ne peuvent racheter.
Pardonnez-moi, s'il vous plaît, la liberté de cet avis en faveur du zèle
qui me l'inspire. Je voudrais qu'on vous mit un jour à côté de Monsieur Fleury pour l'impartialité. La place est certainement digne d'am-
bition.

C'est bien cette place qui a été donnée à Grandidier
et que l'impartialité de sa critique a mérité, comme l'a
justement fait observer mon ami l'abbé Louvot [1], comme
déjà le remarquait Spach dans son bel éloge [2] de notre
historien : « Grandidier applique partout et toujours les
règles d'une saine critique aux traditions et aux faits
indistinctement transmis par les siècles ; en scrutant les
origines de l'Eglise, il fait la part de l'alliage qui s'est
mêlé à l'or pur ; chrétien, il respecte les dogmes, mais
il discute la légende et ne craint point de déclarer que
tel fait, réputé certain, est controuvé ; fils soumis et respectueux de l'Eglise, il ne cache point les fautes com-
mises à l'abri de sa main protectrice ; il flétrit les abus
introduits dans des siècles barbares. C'est une âme can-
dide qui craindrait de ternir sa virginité, si la mission
de l'historien n'était pour elle un véritable sacerdoce. »
Mais si Grandidier a mérité l'admiration de la postérité, de son vivant il n'échappa aux persécutions de
ses contemporains. Dans la lettre suivante, la dernière,
hélas, que nous ayons retrouvée de cette intéressante
correspondance [3], Dom Clément tient en garde son

---

[1] N° III des Correspondants de Grandidier, p. 4.

[2] *Revue d'Alsace*, 1850, p. 469.

[3] Comme compensation, nous donnerons en appendice comme nous l'avons
déjà fait précédemment, d'intéressantes lettres de Dom Clément à Gerbert. Si
ces lettres ne contiennent rien sur notre historien, du moins achèvent-elles de
nous faire mieux connaître les deux plus illustres, sans contredit, de ses amis
et correspondants.

jeune ami contre le découragement et lui montre que ces contrariétés sont le sort habituel « des grands hommes sur les traces desquels il marche. »

III.

A *Paris*, le 7 janvier 1779.

Je viens de commencer la lecture de votre second vo'ume de l'Histoire de l'Eglise de Strasbourg. Ce que vous y marquez dans l'Avantpropos des plaintes que l'ignorance et la superstition ont élevé contre votre premier, ne m'étonne pas. On ne détruit pas impunément, surtout en matière ecclésiastique, de vieilles erreurs. Tous les grands hommes sur les traces desquels vous marchez, l'ont éprouvé. Le mépris qu'ils ont opposé à de pareilles criailleries doit vous servir d'exemple, et le triomphe qu'ils ont remporté sur la calomnie est bien propre à vous rassurer. Votre second volume sera aussi favorablement accueilli du public éclairé, que l'a été le premier. Vous avez eu dans l'un et l'autre l'art heureux de semer des fleurs dans un champ tout hérissé d'épines.

Grandidier, hélas ! s'affectait beaucoup trop des contrariétés qu'on lui faisait subir, au point que sa santé s'altéra. « Il n'était point cuirassé contre ces attaques, dit encore excellemment M. Spach. [1]) S'il avait vécu dans un temps d'agitation pareil au nôtre, où l'injure a passé dans le langage journalier des hommes de lettres, peut-être serait-il vite arrivé à comprendre que le silence du mépris est la leçon la plus sévère que le talent et le caractère, injustement attaqués, puissent donner à des adversaires de mauvaise foi. »

[1]) Op. cit. p. 471.

APPENDICE.

LETTRES A GERBERT.

Un des plus grands noms de l'Allemagne bénédictine est, sans contredit, celui de Martin Gerbert de Hornau, le célèbre prince-abbé de S. Blaise dans la Forêt-Noire. Grâce à lui, ce monastère eut, au siècle dernier, l'aspect d'une autre abbaye de S. Germain, et le nombre d'hommes savants qu'il sut grouper autour de lui, l'importance des ouvrages composés par ses disciples ou par lui-même [1]), rappelle les beaux temps de Mabillon et des plus célèbres mauristes.

Gerbert était en relations avec tous les savants de son époque. Dans sa volumineuse correspondance, conservée précieusement [2]) à l'abbaye de S. Paul-en-Carinthie, héritière comme l'on sait de S. Blaise, j'ai trouvé, entr' autres trésors, les intéressantes lettres de Dom Clément qu'on va lire. Dès son voyage de 1759 à Paris,

[1]) Cfr. BADER, *Das ehemalige Kloster S. Blasien und seine Gelehrten Academie* et le *Supplément* du P. LINDNER, dans les *Freiburger Diöcesan Archiv.* t. VIII et XXI.

[2]) En 10 volumes in-folio, dont on trouvera le sommaire dans l'article du P. Lindner que je viens de citer.

Je renouvelle ici au R. P. Achatz, archiviste de S. Paul, mes remerciments pour l'amabilité avec laquelle il m'a communiqué plusieurs de ces précieux volumes.

Gerbert s'était lié d'amitié avec ce savant religieux [1] et en quittant la France il l'avait chargé de ses commissions de livres. Notre correspondance commence précisément à l'époque où un incendie ayant anéanti la bibliothèque de S. Blaise que D. Clément l'avait aidé à compléter, Gerbert s'adresse de nouveau à lui pour la reconstituer. D. Clément, absorbé par ses grands travaux, parut craindre d'abord de n'en avoir pas le temps; mais de fait, on va le voir, il rendit avec empressement à son illustre ami le service demandé.

La première lettre de D. Clément, — la seule écrite en latin — n'est datée que du jour ou du mois; mais elle est évidemment de 1768 et postérieure au terrible accident qui détruisit, le 23 juillet de cette année, l'abbaye de S. Blaise avec la plupart des riches collections scientifiques qu'elle contenait. [2]

I.

17 octobris.

ADMODUM REVERENDE PATER ET CELSISSIME PRINCEPS.

Pudet me responsum meum ad tuas litteras tandiu distulisse. Verum ad promovendum operis l'*Art de vérifier les dates* [3] editio-

---

[1]) Cf. son *Iter gallicum.* p. 527.

[2]) Au moment même où je corrige les épreuves de ces lignes m'arrive la triste nouvelle d'une catastrophe du même genre qui a anéanti, en quelques heures, le 9 juillet, les trésors accumulés par mon excellent ami, M. Tamizey de Larroque, pendant sa longue, féconde et glorieuse carrière d'écrivain. Après lui avoir témoigné dans l'intimité la part que je prenais à son malheur, je ne puis m'empêcher de lui redire ici, dans cette collection *grandidierienne* à laquelle il a bien voulu collaborer, toute ma fraternelle sympathie. J'y ajouterai le conseil de prendre exemple sur le grand Gerbert, de ne pas se laisser abattre par l'affliction, mais de continuer avec une chrétienne résignation et une courageuse persévérance les beaux travaux commencés, à l'aide d'une nouvelle bibliothèque à l'augmentation de laquelle voudront participer non seulement tous ses amis, mais, je l'espère, la France entière.

[3]) Comme l'on sait, la première édition de ce savant ouvrage avait été donnée par les Mauristes en 1750. Dom Clément publia non-seulement la 2e édition dont il parle ici, et qui parut en 1770, mais une troisième en 1783—87, qui est toujours la plus recherchée malgré les éditions modernes.

nem novam typographi stimulis ita urgeor, vix ut sit respirandi facultas. Quamobrem ignoscas, etiam atque etiam rogo, silentium quod necessitas indixit, voluntas abhorruit. Acceperam ex nuntiis publicis luctuosum vestræ domus incendium, atque hanc cladem eo magis plangebam quod illam in congregationis vestræ dedecus verteret Diarium gallicum. Aiebat enim hanc referens dedita opera atque occulta conspiratione domum vestram conflagrasse; cui quidem rumori ipsa quam ad me transmisisti, relatio non adversatur. [1] Esse ne apud vos tam nefarios homines qui ad tantum scelus impetrandum sint idonei, heu! vicem tuam doleo qui monstra ejusmodi regenda susceperis. Quanta tibi metuendi, orandi, vigilandi necessitas incumbit!

Apographum Remigii Altissiodorensis [2] quod ad te transmiseram, ad me, ut ais, remissum nullatenus accepi. Verum etsi accepissem, votis tuis satisfacere omnino fas mihi non foret. Rogas ut illud exemplar cum aliis conferam. At monui te quot exemplaria sunt Remigii in Martianum, totidem esse opera pene omnino diversa. Qui fieri igitur potest ut unius ope lectio alterius emendatur. Utinam hæc ipsa oculis tuis usurpasses, sane intentatam hanc operam relinqueres.

De jactura vestræ bibliothecæ ut potissimum doleo, ita ego qui huic amplificandæ nonnihil operæ contulerim. Certe ad novos tibi libros comparandos nullum mihi otium suppetit. Verum amicorum ope hanc provinciam quam mihi demandes, facile exequar. Itaque significes velim quos primum aquirere animus est. Dabo operum ut quo leviori poterit fieri pretio comparentur.

Vale, pater admodum reverende, meque tibi addictissimum atque obsequentissimum famulum habeto.

F. F. CLÉMENT.

Comme le prévoyait Dom Clément, Gerbert ne tarda pas à lui demander son concours pour la recons-

---

[1] Sur cette catastrophe, cfr. dans les *Freib. Diöcesan Archiv*, t. VIII, *Das ehemalige Kloster S. Blasien* p. BADER, p. 165.

Le même auteur a publié une petite biographie de Gerbert (Fribourg, Herder 1875). J'aurai l'occasion de citer l'un et l'autre travail dans diverses publications sur Gerbert. Mais la plus complète et la plus intéressante notice qui ait été écrite sur Gerbert, — en attendant une vie complète qu'on écrira sans doute un jour, — est celle qui se trouve p. 115 à 137 dans les *Scriptores ordinis S. Benedicti qui 1750—1880 fuerunt in imperio Austriaco-Hungarico*, Vienne 1881. In-4⁰ à 2 colonnes.

[2] Il s'agit ici de l'ouvrage sur la musique de cet auteur du X⁰ siècle. Malgré les difficultés qui effrayaient Dom Clément, Gerbert ne renonça pas à publier ce traité qui figure dans son ouvrage sur la musique et qui a été reproduit de là dans Migne, t. 131, col. 931 à 964.

titution de la bibliothèque de S. Blaise. Il profita du voyage à Paris de son architecte pour envoyer au savant bibliothécaire du monastère des Blancs-Manteaux la lettre suivante [1]:

An Herrn Clement zu Paris.

Oberriedt, den 28. Junii 1769.

Lator harum primus architectus noster [2] et jacturarum immensam et consilia eam restaurandi exponet, bibliothecæ præsertim, sed quantum quidem rationes nostræ id ferunt propter expensas summæ necessarias in ædificium monasterii ecclesiæ faciendas. Interim si qua occasione offeret præsertim per auctionem librorum aut commoda alia, qua persepe parvo pretio libri emuntur, eam præterire consilium non est, quare ut per amicos invigiles hancque rem cures etiam atque etiam te rogo. Ex SS. PP. edit. San-Maurana soli supersunt SS. Basilius et Jo. Chrysostomus, ex aliis vestris operibus tantum collectiones quædam Martenii quæ servata sunt in bibliotheca Hergottiana [3]; quæ jam primas lineas facit instaurandæ bibliothecæ post mortem P. Rusteni Heer [4] continuatoris *Monumentorum austriacorum* cujus operis tomus posterior jam opera et studio meo in lucem prodibit; idcirco etiam id quod reliquerunt flammæ operis de cantu et musica sacra a prima ecclesiæ ætate et de liturgia alemanica retardabitur, aliquando tamen etiam, si Deus vitam viresque tribuet, lucem aspiciet, præsertim collectio mea scriptorum de re musica insignis sane quam ægre flammis eripui. [5] Cæterum anxium me et curiosum nunc præsertim post electionem summi pontificis quod satis mirari nequeo unici cardinalis religiosi [6], tenet, quid circa statum monasticum agi-

---

[1] Que je reproduis d'après le brouillon conservé dans le même recueil.

[2] Cet architecte s'appelait Michel d'Ixnard et était français d'origine. Outre la superbe église de S. Blaise, il fit divers travaux dans la région : la commanderie de Donauwerth (lettre à Gerbert du 17 juillet 1772); un bâtiment pour le collège de Colmar en 1785 (lettre du 30 mai de cette année). Il écrivit encore à Gerbert de Strasbourg en février 1792.

[3] La bibliothèque que le savant Père Hergott avait avec lui dans le prieuré de Krotzingen près Fribourg.

[4] Le continuateur des *Monumenta augusta domus austriacæ* venait de mourir, laissant le tome IV de cet important ouvrage inachevé. Gerbert, comme il le marque dans sa lettre, devait le publier en 1772.

[5] Ces deux ouvrages parurent en effet plus tard, comme on le verra bientôt.

[6] Le franciscain Ganganelli qui avait été élu le 19 mai de cette année et qui devint si célèbre sous le nom de Clément XIV.

tetur præsertim apud vos ubi diu est, quod varia consilia circa hanc rem capiantur, variaque prodeunt opuscula [1]) quæ ad nos raro perferuntur huic etiam architecto meo D. Dixnard tuto committi possunt omnia in solutione justi pretii nunquam deero, nec etiam quod gratus expetit animus, qui ero semper. . . .

Ante omnia cuperem hac occasione habere LE BEUF [2]) *Traité historique et pratique sur le chant ecclésiastique;* ROUSSEAU, *Dictionnaire sur la musique.*

Un mois après Dom Clément répondait à Gerbert, lui donnant de curieux détails sur la vogue en Espagne et au Portugal des éditions bénédictines.

II.

A *Paris*, ce 28 juillet 1769.

MONSIEUR ET RÉVÉRENDISSIME.

J'ai reçu avec une singulière reconnaissance les nouvelles marques d'affection et de confiance dont vous m'avez honoré par votre dernière lettre. Je vous prie d'être persuadé que rien n'est plus flatteur pour moi que les occasions de vous obliger. Vous m'en offrez une dans les commissions dont vous me chargez, que je saisis avec empressement. J'ai déjà remis à votre architecte le Dictionnaire de musique avec le livre du chant ecclésiastique de l'abbé Le Beuf qui sont les deux ouvrages dont vous me paraissez avoir le plus pressant besoin. A l'égard des éditions des Pères que vous me demandez, elles ne sont pas aisées à trouver. Jamais on n'a moins lu les Pères en France que de nos jours, et jamais néanmoins il y a eu plus de concours pour les acquérir. Aussi ne sont-ce point le français qui les enlèvent, mais les étrangers et surtout les Espagnols et les Portugais. Depuis qu'ils sont délivrés de la tyrannie des Jésuites et de l'Inquisition, ce sont

---

[1]) Les opuscules dont veut parler sans doute Gerbert sont les diverses lettres, requêtes, etc. . ., imprimées lors des dissensions qui agitaient les bénédictins de S. Maur à cette époque. On trouvera la liste de ces factums dans LAMA, *Biblioth. des écrivains de S. Maur,* p. 188.

[2]) Le célèbre abbé Lebeuf. Dom Gerbert avait regretté beaucoup, nous dit-il dans son *Iter gallicum* de 1759 (p. 528), n'avoir pu conférer à son aise avec ce savant abbé, *tum gravi decumbentem morbo.* Il allait mourir en effet l'année suivante.

des affamés qui dévorent les anciens monuments de la tradition. S'ils ne modèrent pas leur avidité, nous nous trouverons à la fin dépourvus de ces richesses que nous avons mérité de perdre, parce que nous n'en avons pas assez connu le prix. Comme vous ne me marquez point les Pères par où je dois commencer, je me propose de vous acheter d'abord un S. Augustin, ensuite un S. Chrysostome, puis un S. Justin, un S. Cyprien, un S. Cyrille de Jérusalem et enfin un S. Grégoire-le-Grand. Ces emplètes absorberont pour le moins les fonds que vous m'avez fait passer.

Nous avons vu avec plaisir et admiration les plans de votre nouvelle église. [1] Notre prieur qui s'entend parfaitement en architecture en a été enchanté. Il aurait néanmoins souhaité qu'ils eussent été montrés à M. Patte [2] qui est un des meilleurs juges en architecture, pour avoir son avis sur la solidité du dôme qui paraît un ouvrage bien hardi. Mais votre architecte a promis qu'à son premier voyage il verrait cet artiste et conférerait avec lui. Du reste il emporte les suffrages de plusieurs architectes très renommés. [3] Il m'a paru qu'il vous servait d'inclination, et il se loue beaucoup de vos bons procédés à son égard.

Nous venons de tenir un chapitre général qui a duré près de trois mois sous la présidence de deux évêques nommés par la Cour. [4] On y a réformé nos constitutions suivant le désir des gens de bien. Les malintentionnés n'y ont point prévalu malgré leurs brigues et les puissantes protections qu'ils avaient au dehors. Compter que cette réforme fera revivre l'esprit de piété parmi nous, ce serait peut-être trop présumer. Mais du moins nous espérons qu'elle y rétablira le calme et la subordination.

J'ai l'honneur d'être avec un respectueux dévouement, Monsieur et Révérendissime

Votre très humble et très obéissant serviteur

F. Fr. CLÉMENT.

---

[1] Ces plans ont été gravés. Cfr. la notice de Bader, p. 199. Il a aussi une petite vue de S. Blaise avec le dôme, en tête du premier volume de l'*Historia nigræ Sylvæ*. Enfin les bénédictins de S. Blaise firent frapper une médaille, en l'honneur de leur abbé, avec la représentation dn nouvel édifice d'un côté et de l'autre le portrait de Gerbert. — Un incendie a détruit en 1874 l'église de S. Blaise, mais elle aurait été reconstruite depuis.

[2] Célèbre architecte parisien (1723—1814) qui écrivit plus qu'il n'exécuta.

[3] *Ectypon ab academia scientiarum Parisiensi dijudicari et approbari curavit*, dit la notice des *Scriptores* (p. 118).

[4] Roquelaure évêque de Senlis et Conzié évêque d'Arras. On trouvera quelques détails sur les troubles qui agitèrent à ce moment la congrégation de S. Maur dans l'*Eloge historique de Dom Labat* par Dom Brial.

La fin de l'année n'était pas arrivée que Dom Clément pouvait annoncer à Gerbert d'importants achats de livres faits pour lui, — malgré les Espagnols et les Portugais.

III.

A *Paris*, 6 décembre 1769.

Monsieur et Révérendissime.

J'ai enfin trouvé et saisi l'occasion de vous acquérir une partie des livres que vous m'avez demandés. Je vous en envoie la liste avec les prix par où vous verrez que vous m'êtes redevable de la somme de 7 l. 11 s. sans compter les frais d'emballage. Je pensais à vous acheter encore le recueil des œuvres de Sirmond[1]), en cinq volumes in-fol. qui est de 72 l. avec le S. Jérôme que l'on m'a fait 240 l. Mais j'ai cru devoir attendre de vous de nouveaux ordres à cet égard. Je vous donne avis que l'on souscrit jusqu'à la fin du mois de janvier prochain pour une nouvelle édition in-4° des œuvres du grand Bossuet qui contiendra 24 volumes in-4° et sera beaucoup plus correcte que les précédentes. C'est un religieux de notre maison qui en est chargé.[2]) Sans prévention je puis assurer qu'il exécutera son entreprise à la satisfaction du public. Il a pour cela tous les talents nécessaires et il y met toute son application. Le prix de la souscription est de 8 l. par volume, sur quoi l'on paie 48 l. en souscrivant, 48 l. en recevant les six premiers volumes qui paraîtront dans le cours de l'année prochaine et ainsi de suite. Ayez la bonté de me marquer si je dois vous mettre au nombre des souscripteurs. Vous n'oublierez pas sans doute, au cas

[1]) Le savant jésuite.

[2]) Dom Jean Pierre Deforis, mort martyr de la Révolution. On sait tout le mal qu'on a dit de son édition, notamment dans celle de Lachat-Vivès si médiocre cependant à tous points de vue.

En réalité, comme l'a montré M. Lebarcq, Dom Deforis a donné dans son travail des preuves « d'une fidélité digne de sa vocation de bénédictin. » « Malgré les fautes où il est tombé, — ajoute encore cet auteur, — dans la reproduction de ces textes qu'il avait réunis avec un soin si persévérant, il reste encore celui de tous les éditeurs auxquels sont le plus redevable les admirateurs de l'éloquence de Bossuet. » *Hist. crit. de la prédication de Bossuet,* 2° édit., p. VI.

que vous y consentiez, de me faire passer de nouveaux fonds. Car vous savez par expérience ce que c'est qu'un religieux particulier, et combien il est peu en état de faire des avances.

J'ai actuellement entre les mains l'*Amplissima collectio* de Dom Martène en 9 volumes en feuilles. Si vous le souhaitez, je vous le cèderai pour le prix de 66 l. Cet ouvrage commence à devenir rare. On a peine à trouver le *Thesaurus anecdorum* du même auteur.

La tranquillité commence à se rétablir parmi nous. Nous avons tenu cette année un chapitre général où les bons ont prévalu.[1] Les chefs de la rébellion désespérés de cet échec se sont procuré des bulles d'abbés *in partibus*, au moyen de quoi ils sont sortis de la congrégation. Leur retraite a fait le salut du corps. Depuis qu'ils nous ont abandonnés, leurs adhérents ont baissé le ton et la discipline a repris vigueur. Si nous ne pouvons nous flatter d'un renouvellement parfait, du moins sommes-nous présentement dans une situation à n'avoir pas à craindre, comme ci-devant, une ruine prochaine.

J'ai l'honneur d'être ... etc...

F. Fr. CLÉMENT.

IV.

A Paris, 12 mars 1770.

Monsieur et Révérendissime.

Il y a près de trois mois que j'ai eu l'honneur de vous mander que j'avais épuisé en achat de livres, dont je vous envoyais la liste, les fonds que vous m'aviez fait tenir par M. votre architecte. Dans votre réponse vous m'en faisiez espérer de nouveaux aussitôt que votre banquier serait de retour de Souabe. Vos occupations vous ont apparemment distrait sur cette promesse dont je n'ai pas encore vu l'effet. Il s'est fait cependant ici plusieurs ventes de bibliothèques considérables, où j'aurais pu vous trouver à bon compte l'assortiment des livres que vous désirez. Mais l'impuissance où je suis de faire des avances ne m'a pas permis d'y porter mon enchère. Voyez, s'il vous plaît, si vous désirez que je continue à vous servir, et dans ce cas mettez-moi en état de le faire.

---

[1] Cfr. la lettre précédente. Ce chapitre s'était tenu à Marmoutier.

Je pense que parmi les livres que vous voulez acquérir vous com-
prendrez les Annales bénédictines de Dom Mabillon et le Glossaire
de Ducange.

J'ai l'honneur d'être ... etc...

F. F. CLÉMENT.

Ce sont toujours les commissions d'achat de livres
qui sont le sujet principal des lettres de notre bénédictin.

V.

A *Paris,* le 11 mai 1770.

MONSIEUR ET RÉVÉRENDISSIME.

Vous me faites l'honneur de me marquer pour la deuxième fois
que vous avez donné ordre à M. Fæsch[1]), votre bailli, de me faire
passer la somme de 30 louis ou 720 l. Cependant la lettre de change
qu'il m'a envoyée et qui a été acquittée à l'échéance n'était que de
600 l. J'ai déjà fait en partie l'emploi de cette somme, et voici les
livres qu'elle m'a servi à vous acheter:

    1° Les Annales bénédictines de Dom Mabillon, 6 vol.   72 l.
    2° L'*Amplissima collectio* de D. Martène, 6 vol...... 66 l.
    3° *Bibliotheca coisliana* de Montfaucon, 1 vol. in-f°. 6 l.
    4° Le nouveau supplément de Du Cange, 4 vol..... 84 l.
    5° *S. Hieronymi opera,* 5 in-fol................. 168 l.
    6° *S. Hilarii opera* .... 22 l.

J'ai entre les mains les onze volumes du *Gallia Christiana* en
feuilles, comme les Annales bénédictines et l'*Amplissima collectio.*
Voulez-vous cet exemplaire à 14 l. le volume? Il se vend 18 l. le
volume à l'imprimerie royale. J'attends vos ordres là-dessus.

Je suis ravi d'apprendre que vous avez mis sous presse une nouvelle collection des *Monuments concernant la maison d'Autriche.*[2]) Cet
ouvrage sera bien reçu du public.

---

   1) Un descendant sans doute de ce sénateur bâlois qui avait si bien reçu
Mabillon lors de son voyage en Allemagne. Cfr. le *Voyage littéraire de Mabillon en Alsace,* Colmar, 1893, page 9.
   2) C'est la suite de l'ouvrage des PP. Hergott et Heer dont il a déjà été
question.

La nouvelle édition de l'*Art de vérifier les dates* paraîtra dans le mois prochain. Ayant souscrit pour vous, je retirerai votre exemplaire et le joindrai à vos autres livres.

J'ai l'honneur d'être. . . .

F. F. CLÉMENT.

VI.

A *Paris*, 2 juillet 1770.

Monsieur et Révérendissime.

J'ai fait partir il y a douze jours à l'adresse de M. Fæsch votre bailli à Bâle deux ballots dans lesquels sont renfermés les livres que vous m'avez chargé de vous acheter et dont l'état est ci-joint.

Le S. Jérôme était acheté, lorsque j'ai reçu votre dernière lettre. On n'a pas à Paris la même opinion que chez vous de cette édition. Tous nos libraires la préfèrent à celle d'Italie quoique plus ample et plus récente. [1]) Je doute même que celle qu'on prépare en Allemagne puisse la faire tomber. S. Jérôme est un des pères dont les ouvrages sont les plus difficiles à donner.

Les 12 l. dix sols dont je vous reste redevable serviront à retirer votre exemplaire de l'*Art de vérifier les dates* qui doit paraître dans ce mois. Dom Tassin publiera vers le même temps l'histoire littéraire de notre congrégation en un volume in-4°. [2])

Si vous voulez souscrire pour la nouvelle édition de Bossuet, il faudra m'envoyer au plus tôt de nouveaux fonds.

Je me trouve chargé malgré moi de la continuation du *Recueil des historiens de France* dont il y a déjà onze volumes in-folio. Si vous avez connaissance de quelques chroniques non imprimées qui concernent les règnes de Philippe I, Louis VI et Louis VII [3]), vous m'obligerez sensiblement de me les faire connaître.

J'ai l'honneur d'être . . . .

F. F. CLÉMENT.

[1]) De fait, quoiqu'en dise Dom Clément, il y avait lieu de préférer l'édition de Vérone. Celle de D. Pouget et D. Martianay est un des moins bons travaux sortis de S. Maur.

[2]) C'est en effet cette année que parut cet ouvrage si précieux, dont le libraire Lama ne sait dire que du mal (comme Vivès du Bossuet de Dom Deforis) après l'avoir effrontément pillé.

[3]) Qui devaient faire la matière du douzième volume de cette savante collection. Dom Clément avait déjà collaboré au précédent volume.

A cette lettre le correspondant de l'abbé de S. Blaise ajoute la liste des livres achetés : il y en avait à ce moment pour la somme de 1067 livres 10 sols. Une petite erreur de compte est l'occasion d'une nouvelle lettre de Dom Clément.

VII.

A *Paris*, ce 27 juin 1773.

Monsieur et Révérendissime.

En revoyant mes livres de compte, je viens de m'apercevoir d'une erreur qui vous concerne et qui est à votre désavantage. Par un arrêté que j'avais fait en 1771 le 23 juin, je vous étais redevable de la somme de 24 l. Peu de temps après ayant changé de livre, parce que celui où cette dette était portée se trouvait rempli, j'oubliai de la porter en tête de votre article sur le nouveau livre. Ainsi croyant que nous étions quittes l'un envers l'autre, je ne fis nul état de cette somme dans le compte que je vous envoyai l'année dernière en vous annonçant le ballot des livres que vous m'aviez chargé de vous acheter. C'est une inadvertance que je m'empresse de réparer. Lorsqu'il vous plaira de m'honorer de nouvelles commissions, je ne manquerai pas de vous faire état de cette somme.

En attendant permettez-moi de joindre à cette lettre un mémoire que le nouvel éditeur des œuvres de M. Bossuet me charge de vous faire passer dans l'espérance que vous voudrez bien avoir la bonté de satisfaire aux questions qu'il renferme. Versé comme vous l'êtes dans les controverses d'Allemagne, personne n'est plus capable que vous de lui rendre ce service. Depuis M. Bossuet on n'a acquis aucune nouvelle lumière en France sur cette matière, parce que la controverse y a été comme ensevelie avec lui. Ce sera donc une obligation importante que l'Eglise de France vous aura de lui avoir fait connaître les nouvelles variations des protestants d'Allemagne, et la matière d'un supplément très utile à l'ouvrage de l'évêque de Meaux sur ce sujet. L'éditeur ne manquera pas de vous en témoigner publiquement sa reconnaissance dans une de ses préfaces. Ainsi tout vous convie à lui procurer les éclaircissements qu'il vous demande.

Oserai-je vous demander quel est le prix le plus bas de votre nouvel ouvrage[1]) sur la maison d'Autriche? Peut-être se trouverait-il ici des personnes qui pourraient s'en accommoder malgré les nouveaux droits que l'on a mis sur l'entrée des livres étrangers.

J'ai l'honneur etc. . . .

F. F. CLÉMENT.

Il a déjà été question précédemment de l'édition de Bossuet que préparait Dom Deforis. On voit que le savant bénédictin, si injustement malmené par les éditeurs postérieurs du grand évêque de Meaux, avait eu la pensée de donner un supplément à l'*Histoire des variations*, projet qui ne fut malheureusement pas exécuté.

Entre cette lettre et la VIIIe, nous plaçons une réponse, non datée, de Gerbert.[2]) Elle est évidemment des premiers mois de 1774 puisque Dom Clément y répondit le 29 août de cette année.

(A) D. Clément de la Congr. de S. Maur.

Vous vous souvenez que j'ai fait un ouvrage *de cantu et musica sacra a prima ecclesiæ ætate usque ad præsens tempus* dont le premier tome était déjà imprimé quand le feu m'a ravi le manuscrit et la matière pour les deux autres tomes in-4°. L'importance de ce sujet a raison d'abus abominables de la musique dans nos églises[3]) m'a engagé à reprendre le travail, et nous sommes venus avec l'impression jusqu'à la dernière page. Un ouvrage d'un anglais nommé Burney[4]) où il décrit son voyage fait expressément pour la musique par la France, Italie et Allemagne m'a ressuscité beaucoup des idées pour l'état présent de la musique dans ces pays par lesquels j'ai aussi

---

[1]) C'est l'ouvrage dont il a été question dans la 5e lettre.
[2]) Publiée d'après le brouillon.
[3]) Gerbert était opposé à l'emploi de tout instrument de musique dans les églises.
[4]) Ce célèbre organiste anglais avait publié en effet en 1771 un ouvrage intitulé : *De l'état actuel de la musique en France et en Italie;* puis en 1773 un travail analogue sur les Pays-Bas, l'Allemagne et les Etats-Unis.

voyagé, mais mes collections sont toutes brûlées. Mais il est trop court pour la France et parle presque rien à l'égard de la musique ecclésiastique et les auteurs ou les maîtres de chapelle qui ont une réputation ou rendu publiques quelques pièces en cette matière.

Je vous prie pour l'amour de notre religion et l'office public de Dieu de me donner en abrégé une notice de la musique sacrée en France, et particulièrement à Paris, de l'us et abus, les noms des auteurs ou maîtres de chapelles les plus célèbres dans nos jours. Si vous voulez avoir le premier tome, vous n'avez qu'à demander, quoique je ne le donnerai pas au public jusqu'à l'élection d'un nouveau électeur de Mayence qui sera à toute apparence M. le baron d'Erthal [1]), mon ami et patron particulier, auquel sera dédié l'ouvrage, parce que l'Empereur ne vient pas dans notre pays auquel je l'aurais présenté.

Je suis très curieux comment alle (va) l'affaire de réformation de votre bréviaire, parce que nous sommes occupés à la même chose.

La fin de cette lettre paraît manquer. Quoiqu'il en soit, Dom Clément ne tardait pas à envoyer au célèbre abbé les renseignements demandés sur l'état de la musique sacrée à Paris.

VIII.

A *Paris,* ce 29 août 1774.

MONSIEUR ET RÉVÉRENDISSIME.

Voici le mémoire que vous m'avez demandé, dressé par un des meilleurs organistes de Paris. J'espère que vos désirs à cet égard doivent être remplis. On a saisi autant qu'on a pu l'esprit de votre lettre. Mais si vous aviez encore besoin de quelque éclaircissement, on est prêt à vous le donner. Je voudrais être également en état de vous satisfaire touchant les deux manuscrits du Commentaire de Rémi d'Auxerre par *Martianus Capella.* Mais j'ai l'honneur de vous répéter ce que je vous ai déjà mandé [2]), qu'il n'y a pas ici d'antiquaire capable de les déchiffrer. S'ils étaient entièrement semblables, ils serviraient réciproquement pour s'expliquer l'un par l'autre. Mais ils varient tel-

---

[1]) Frédéric Joseph baron d'Erthal, évêque de Worms, fut en effet élu électeur de Mayence, en 1775. Il devait mourir en 1802.

[2]) Cfr. la première lettre, p. 11.

lement entre eux, qu'on les prendrait pour deux ouvrages différents. Celui qui avait fait la copie informe que je vous envoyai dans le temps, n'existe plus, et je ne connais personne qui puisse deviner ce qui a échappé à sa pénétration. Il faudrait un homme qui ait fait une étude particulière des abréviations des termes de musique, et où le trouver? [1]

Je vous ai acheté le supplément à la Diplomatique de M. le Moine que M. votre régistrateur me demanda il y a quelques mois par une lettre à laquelle je n'ai point encore répondu, parce que je n'ai point encore pu en remplir tous les objets. Il me demandait un S. Bernard de la nouvelle édition. On me l'avait promis à Besançon il y a plus de trois mois et je n'en entends plus parler. Il pourra dans peu m'en venir un d'Orléans. Je compte vous l'envoyer, s'il m'arrive, dans un ballot de livres que je dois envoyer sous un mois à Besançon, d'où l'on aura soin de le faire parvenir à sa destination.

M. le régistrateur me demande encore mon avis sur le projet que vous avez formé d'un nouveau bréviaire et d'un nouveau missel. Je pense que vous feriez fort bien de vous concerter là-dessus avec les Supérieurs de la Congrégation de S. Vanne, qui viennent de nommer des commissaires pour les mêmes objets. Vous abrégeriez par là beaucoup la dépense, et vous pourriez vous flatter d'avoir dans vos livres de chœur l'extrait de ce qu'il y a de meilleur dans ceux de la France.

On doit faire dans le cour de cette année la vente des bibliothèques des Jésuites d'Anvers, de Louvain et de Bruxelles. Les catalogues qu'on en fera seront envoyés dans les pays voisins et il en parviendra vraisemblablement des exemplaires à Strasbourg et à Bâle. Vous serez par conséquent à portée de les consulter, et de voir les livres que vous pourriez acquérir dans ces bibliothèques.

J'aurais une grâce à vous demander que les relations que vous avez avec les savants d'Allemagne peuvent vous mettre à même de me procurer. Le roi de Prusse a fait publier au commencement de cette année un mémoire en allemand qui a pour titre : *Information concernant les ducs de Poméranie de la branche de Dantzik.* J'ai fait chercher cette pièce à Strasbourg et ailleurs sans pouvoir la trouver. Elle se rencontre sans doute à Berlin. Ne pourriez-vous pas écrire à quelqu'un de vos amis dans ce pays-là de me l'envoyer [2] par la poste

---

[1] Tout ce passage de la lettre de D. Clément est cité par Gerbert dans la préface de ses *Scriptores de musica*, I.

[2] D. Clément avait besoin de ces renseignements pour la 3e édition de *l'Art de vérifier les dates* qu'il s'était mis à préparer aussitôt après avoir donné la seconde.

sous deux enveloppes dont la première serait à Dom Deforis religieux des Blancs-Manteaux, et la seconde à Monseigneur de Sartine ministre d'Etat à Paris. Je mets le nom de Dom Deforis au lieu du mien parce que ce religieux est en crédit auprès de ce ministre qui veut bien consentir qu'il fasse venir à son adresse les brochures étrangères dont il a besoin.

J'ai l'honneur.....

F. F. CLÉMENT.

Il vient d'être question pour la seconde fois dans les lettres que nous publions du dessein qu'avait formé Gerbert de remplacer le bréviaire dont on se servait à S. Blaise. Ce bréviaire était celui de l'abbaye d'Einsiedeln. Mais on en était médiocrement satisfait parce que « *cujusvis fere nationis festis adeo refertum et auctum erat ipsis quoque diebus dominicis, ut illis celebrandis vix totius anni dies sufficerent; lectiones festorum non raro continebant, quæ nec pietati fovebant, nec ad criteria veritatis historicæ exacta erant, et ratio hujus divini officii ab illo quod S. Benedictus in sua regula adcurate præscripsit, longissime distabat.* » [1] Gerbert avait donc chargé un de ses religieux, le savant P. Ussermann [2], de composer un nouveau bréviaire. Mais lorsqu'il apprit que les bénédictins de S. Vanne venaient d'en faire composer un, il se décida, après l'avoir soigneusement examiné, à l'adopter pour S. Blaise. [3] Il se borna à faire faire à S. Blaise, par un habile artiste, le P. Länder, les antiphonaires et autres livres de chœur, mais avec le texte de S. Vanne.

---

[1] *Scriptores O. B. in imperio austraco* ... p. 118.
[2] Un des meilleurs disciples de Gerbert. C'est lui qui est l'auteur des premiers volumes de la *Germania sacra.*
[3] Cfr. *Correspondants de Grandidier,* I, *Dom Berthod,* p. 26.

Suit une lettre non datée, mais que le renseignement de la fin, relatif au conclave, permet de placer aux derniers jours de l'année 1774.

IX.

MONSIEUR ET RÉVÉRENDISSIME.

J'apprends avec bien de la reconnaissance le succès des recherches que vous avez eu la bonté de faire pour me procurer le mémoire du roi de Prusse que je vous avais demandé. Je vous avais marqué de me l'adresser par la voie de M. de Sartine ministre des affaires étrangères; mais comme le paquet serait porté à Versailles avant que de venir à Paris, j'ai trouvé une voie plus courte. [1]) C'est de l'adresser à M. Lenoir lieutenant général de police à Paris. Vous aurez donc la bonté, s'il vous plaît, de faire trois enveloppes : la première à mon adresse, la seconde à Dom Deforis, et la troisième à M. Lenoir lieutenant général de police à Paris. Il faut observer que les deux premières enveloppes ne doivent (être) cachetées qu'en pain parce qu'au bureau de la poste on a soin de tâter avec le pouce s'il n'y a point de sceau sous l'enveloppe, et lorsqu'on en sent, on déchire cette enveloppe et on taxe au double les lettres qu'elle renfermait.

Il y a plus de deux mois que j'ai mis pour vous dans un ballot adressé à dom Sornet [2]) sous-prieur de l'abbaye de S. Vincent de Besançon, le supplément de la Diplomatique de M. Le Moine que votre régistrateur m'avait demandé. Si vous ne l'avez pas encore reçu, je vous prie de faire écrire par votre secrétaire à Dom Sornet pour savoir ce qu'il est devenu.

[1]) Il semble cependant que c'est par la voie de M. de Sartine que le mémoire en question arriva à Dom Clément. Au moins la correspondance de Gerbert contient-elle le billet suivant du ministre des affaires étrangères :

Versailles, le 4 Décembre 1774.

J'ai fait parvenir ainsi que vous m'en priez, Monsieur, à Dom Clément le paquet que vous m'avez adressé pour lui contenant des pièces relatives aux recherches historiques que fait ce religieux sur plusieurs districts du Royaume de Pologne. Je suis fort aise que cette circonstance me mette à portée de vous assurer des sentiments avec lesquels j'ai l'honneur d'être, Monsieur, votre très humble et très obéissant serviteur.

DE SARTINE.

M. GERBERT, *abbé de S. Blaise dans la Forêt-Noire.*

[2]) Originaire de Salins, le P. Antoine Sornet avait fait profession à Morey en 1755. Il fut prieur, visiteur et définiteur. (*Matricula ... Congr. SS. Vitoni et Hydulphi*, 1782.)

Je ne crois pas que vous puissiez trouver ici un grand débit de votre traité de la musique ecclésiastique. Le goût de la littérature est si gâté à Paris qu'on n'y veut plus de livre latin. Je verrai cependant quelques-uns des bibliothécaires.

Les nouvelles publiques vous ont annoncé le retour du Parlement. Rien n'a été plus auguste que le lit de justice. Le roi s'y est montré avec toute la dignité qu'on pouvait désirer. On mande de Rome qu'il y a trois factions dans le conclave, celle d'Albani, celle de Rezzonico et celle de Bernis. Il paraît que le Pape sortira de l'une des trois. [1])

J'ai l'honneur d'être ... etc.

F. F. CLÉMENT.

Lorsque vous me ferez l'honneur de m'écrire je vous prie de m'adresser vos lettres par la même voie que je vous ai marquée pour le paquet que vous devez m'envoyer.

Dans la lettre suivante Dom Clément revient sur l'affaire du bréviaire : nous avons vu qu'elle devait aboutir dans le sens que désiraient les bénédictins de S. Vanne.

X.

A *Paris*, ce 20 septembre 1775.

Monsieur et Révérendissime.

Le président de la Congrégation de S. Vanne, prieur en même temps de l'abbaye de Mouzon en Champagne [2]), m'est venu trouver il y a quelque temps pour m'engager à vous proposer d'adopter le nouveau bréviaire que leur congrégation est sur le point de faire imprimer. Si vous jugez la proposition admissible, on vous enverra le plan raisonné de l'ouvrage, en le soumettant à votre correction. J'es-

---

1) C'est le cardinal Braschi qui allait être élu le 14 février 1775 et prendre le nom de Pie VI.

2) C'était Dom J.-B. Saintin Brihy, profès depuis 1735 de la maison de S. Vanne de Verdun (l'un des deux chefs-lieux de la congrégation). Dom Brihy fut président de 1775 à 1776.

père que vous voudrez bien au plutôt, me mettre en état par votre décision de faire là-dessus une réponse catégorique au père président.

Il paraît par la lenteur des journalistes à rendre un compte détaillé de votre Traité de la musique sacrée, qu'ils ne veulent rien négliger pour faire sentir au public tout le mérite de l'ouvrage. J'apprends qu'un religieux de S. Vanne a entrepris d'en donner un abrégé dans notre langue. S'il est sage il ne le fera point paraître sans vous l'avoir communiqué, et si vous l'approuvez ce sera un morceau précieux pour notre littérature française.

Il n'y a rien ici de nouveau dans la littérature que des livres impies contre lesquels le gouvernement a fait mine de sévir et qui n'en ont pas un moins libre cours. Les protestants ont fait de nouvelles tentatives auprès de notre jeune monarque pour obtenir la civilisation de leurs mariages. Le roi a sagement renvoyé à l'Assemblée du Clergé le mémoire qu'ils lui ont fait présenter à ce sujet. L'évêque de Comminges y a répondu par un écrit fort solide qu'il a lu dans l'assemblée et sur lequel elle a dressé sa réponse au roi. L'affaire est demeurée là.

J'ai l'honneur d'être ... etc...

F. Fr. CLÉMENT.

J'ai eu communication, il y a quelques mois, d'une lettre écrite au Prieur de l'abbaye de S. Germain des Prés par D. Joseph Fuchs religieux de l'abbaye de Selingstadt dans laquelle il annonce une histoire de l'Église de Mayence à laquelle il travaille et dont il dit que le premier volume paraît déjà. Oserai-je vous prier de vouloir bien me marquer ce que vous en pensez et combien il se vend.

L'ouvrage du P. Fuchs [1], mort professeur d'histoire à l'université de Mayence en 1782 [2], fut en effet publié à cette époque. Mais les autres travaux de ce savant bénédictin sont restés manuscrits.

Parmi les journalistes qui se disposaient, trop lentement au gré de D. Clément, à faire l'éloge de l'ouvrage de Gerbert, il faut citer un académicien assez célèbre de

---

[1] Il était né à Erfurt en 1732 et avait fait profession en 1752.
[2] Cfr. STILLBAUER. *Der wissenschaftliche Zustand der ehem. Benedictiner-Abtei ... zu Seligenstadt*, 1877, p. 28.

l'époque, M. de Bréquigny. Dom Clément l'annonce en ces termes à son correspondant:

XI.

A *Paris*, 9 Novembre 1775.

Monsieur et Révérendissime.

J'ai rendu hier visite à M. de Bréquigny ¹) que j'ai trouvé relevant d'une grande maladie. C'est lui qui a donné dans le Journal des Sa-

---

¹) La correspondance de Gerbert contient deux lettres de ce savant à Gerbert. En voici quelques passages intéressants :

Paris, 13 janvier 1780.

Daignez, Monseigneur, agréer mes remerciments les plus vifs de la bonté que vous avez eue de me faire passer votre nouvel ouvrage où vous venez de publier en 2 vol. in-4° les Monuments de l'ancienne liturgie allemande. Je ne sais ce que je dois le plus admirer en vous, ou votre courage à entreprendre, ou votre facilité à exécuter. Il me semble, et Dom Clément (savant religieux bénédictin des Blancs-Manteaux à Paris) m'a dit que vous aviez aussi publié un ou deux volumes où vous discutiez les mêmes objets dont vous avez rassemblé les monumens dans les deux volumes que vous avez bien voulu nous envoyer. On ne connait point en France cet autre ouvrage, et les profondes et curieuses recherches dont il doit être rempli me donnent un grand désir de le voir. Pardonnez, Monseigneur, à mon indiscrétion, si c'en est une de vous laisser voir à quel point je suis avide de vos savans écrits.

Il y a déjà quelque temps que M. l'abbé de S. Léger (autrefois bibliothécaire de S. Geneviève à Paris) m'a chargé de vous communiquer de sa part, lorsque j'aurais l'honneur de vous écrire, quelques observations relatives à votre prospectus des *Scriptores rerum musicarum* que je lui avais donné de votre part. Voici ces observations:

(Suit une page de remarques, puis:)

Il n'y a certainement personne qui ne s'empresse d'offrir ses services à un savant aussi distingué que vous à tous égards. Si les miens, tout faibles qu'ils sont, pouvaient vous être utiles en ce pays, rien ne me flatterait d'avantage que d'avoir quelqu'occasion de vous prouver la haute estime et le profond respect avec lequel j'ai l'honneur d'être... etc.

Bréquigny, *de l'Académie française et de celle des inscriptions et belles-lettres.*

21 mars 1780.

Un de nos ministres M. Bertin, plein de zèle pour les lettres, et très versé dans la connaissance de l'histoire du moyen-âge et de la diplomatique, s'occupe beaucoup du projet de former un recueil complet des chartes relatives à l'histoire de France.... Les Révérends Pères Dom Clément et Dom Lièble sont du nombre des coopérateurs de ce travail qui demande beaucoup d'ouvriers et du temps : car chaque charte est discutée dans des conférences qui se tiennent régulièrement plusieurs fois par semaine chez le ministre, en sa présence et sous sa direction.,,,

vants du mois d'août, le premier extrait de votre traité de *Musica sacra*. Le dérangement de sa santé ne lui a pas permis encore d'achever le second. Mais il compte le donner dans le Journal du mois prochain et vous envoyer le tout par le baron de Zurlauben [1]) qui doit aller passer l'hiver en Suisse.

Vous avez eu la bonté de me procurer l'année dernière le manifeste du roi de Prusse touchant la Poméranie, que j'ai fait traduire par un magistrat du Parlement, bavarois de naissance, pour le mettre à la suite de la Chronologie historique que j'ai faite des ducs de Poméranie. J'ai une nouvelle grâce à vous demander. Il y avait ci-devant à Mons une chronique manuscrite des comtes de Hainant, composée vers la fin du XIIe siècle par Gilbert prévôt de l'église S. Germain de Mons. Le P. de Lewarde en a fait grand usage dans son *Histoire du Hainant*. J'en ai fait demander une copie aux pères de l'Oratoire de Mons qui m'ont répondu qu'elle avait été emportée par un seigneur autrichien. Ne pourrais-je point savoir par votre moyen en quel dépôt cette pièce maintenant se trouve? [2]) J'en ai absolument besoin pour l'insérer dans la collection des Historiens de France. Je vous supplie de vouloir donc bien prendre la peine d'écrire aux savants de Vienne pour en apprendre des nouvelles, et au cas que vous parveniez à la découvrir, d'en demander une copie que je paierai suivant qu'on l'estimera.

Me sera-t-il permis de vous faire encore une demande? J'avais prié mon bavarois qui m'a traduit le manifeste du roi de Prusse de me faire la chronologie historique des comtes de Waldeck. Mais faute de livres il n'a pu me donner qu'une nomenclature sèche de ces princes. Ne pourriez-vous pas me trouver quelqu'un parmi vos amis qui voulut bien me rendre ce service? Il ferait en latin cette chronologie historique et je la traduirais en français; bien entendu qu'à l'impression j'aurais soin de nommer la personne à qui je serais redevable de cet article. Vous me demanderez peut-être quel est donc mon dessein. C'est de faire un abrégé chronologique des grands fiefs de France et d'Allemagne. L'ouvrage est déjà fort avancé. Mais si je ne suis

---

[1]) Sur ce savant maréchal de camp, cfr. Corresp. de Grandidier, III, p. 13.

[2]) Gerbert a écrit en marge : „*Chronicon Hannoniæ a temporibus Richildi, filiæ Ragineri, postremi comitis Hannoniæ, auctore Gisleberto Balduini IV Flandriæ et Hannoniæ comitis cancellario et ad S. Germanum in urbe Montensi præposito.*

Elle est conservée dans l'abbaye de S. Waudru de Mons."

Aujourd'hui déposée à la Bibliothèque nationale (Ms. lat. II. 105) elle a été imprimée par Dom Clément, *Hist. de Fr.* XIII, 542, puis récemment dans les M. G., SS., XXI, p. 481.

aidé par des personnes savantes [1]), je ne pourrai jamais achever. Daignez donc employer vos soins pour me procurer ces secours.

J'allais finir ma lettre lorsque D. Deforis, éditeur des œuvres de M. Bossuet, m'a prié d'y insérer le billet ci-joint. Vous ne pouvez obliger un confrère qui (le mérite) mieux par ses lumières, par sa ([2]), par son ardeur pour le travail. Il se donne des peines infinies pour recueillir les (moindres) productions de M. Bossuet. J'espère que vous voudrez bien lui rendre le service qu'il vous demande.

Les religieux mendiants ont présenté dernièrement à l'Assemblée du clergé un mémoire pour demander le rétablissement des vœux à l'âge de 16 ans. [3]) Après en avoir pris lecture, elle a promis de l'appuyer auprès du roi. Si l'on ne fait pas droit sur leur enquête, dans 20 ans ils seront entièrement anéantis.

J'ai l'honneur … etc. …

F. F. CLÉMENT.

Voici la note de Dom Deforis annoncée par D. Clément à Gerbert et conservée aussi dans la correspondance de ce dernier:

M. Bossuet avait des relations très particulières avec M. Obrecht, prêteur royal au sénat de Strasbourg, dont nous avons plusieurs lettres très intéressantes à ce prélat; mais ses lettres à M. Obrecht nous manquent entièrement.

Monsieur l'abbé de S. Blaise obligerait beaucoup l'éditeur des œuvres de M. Bossuet, s'il voulait bien prendre la peine d'écrire à Strasbourg à quelque personne intelligente, pour qu'elle fit des recherches dans la famille de M. Obrecht et qu'elle travaillât à nous procurer communication de toutes les lettres du prélat qui pourraient s'y trouver. Le zèle de M. l'abbé pour le bien de l'Eglise et la perfection de notre entreprise l'engageront sûrement à nous rendre ce service, dont l'éditeur sera très reconnaissant, et il ne manquera pas d'instruire le public des obligations qu'il lui aura.

---

[1]) *Consulatur Imhoff, Varentrap,* a écrit ici D. Gerbert. J. W. Imhof a publié en 1693 la *Notitia S. Romani germanici imperii procerum.* Quant à Varentrap c'est l'*Almanach Gotha* de l'époque. (*Neues genealogisches Reichs und Staats Handbuch.*)

[2]) Il y a ici plusieurs mots enlevées par une déchirure.

[3]) Un édit du roi (mars 1768) avait, contrairement au concile de Trente, interdit la profession religieuse ou monastique avant l'âge de 21 ans. Les assemblées du clergé de 1775 et de 1780 protestèrent inutilement.

Les recherches que Gerbert ne manqua pas sans doute de faire n'aboutirent pas : au moins les dernières éditions de Bossuet ne contiennent-elles toujours que cinq lettres d'Obrecht sans les réponses du grand évêque.

XII.

A *Paris,* ce 20 juin 1779.

MONSIEUR ET RÉVÉRENDISSIME.

J'attendais à vous remercier de votre excellent traité de la *Musique sacrée* [1]) dont vous avez bien voulu me gratifier, que le Journal des savants en eut rendu compte. On m'avait rapporté que cet article devait paraître dans le volume du mois dernier. Puis on me dit que ce serait pour le premier ou le second volume de juin. Mais dans ce dernier [2]) on ne voit encore que l'annonce de votre ouvrage, par laquelle il promet de donner une analyse exacte de cette importante production. Vous trouverez au feuillet suivant de cette lettre la copie de cette annonce qui ne pouvait être faite en des termes plus honorables et pour l'ouvrage et pour l'auteur. Lorsque le volume où l'analyse doit se trouver paraîtra, j'aurai soin de vous le faire parvenir. Mais je pense que mes remercîments doivent le prévenir. Ils ne sont même déjà que trop tardifs. Daignez les agréer et faire état de leur sincérité. Je vous avoue que j'ai peine à comprendre comment au milieu des embarras qui vous environnent et vous assaillent, vous avez pu trouver assez de loisir pour vacquer à une entreprise de si grande haleine, et qui demandait tant et de si profondes recherches; et ce qui m'étonne encore plus, c'est que ce n'a pas été la seule entreprise littéraire qui vous ait occupé dans le même temps. Je vous supplie de vouloir bien me faire savoir ce que cet ouvrage se vend sur les lieux aux libraires, afin que je puisse satisfaire ceux qui pourront m'en demander. Je ne vous promets pas néanmoins qu'il ait un grand débit en France. La littérature y est aujourd'hui trop superficielle et trop frivole pour qu'on s'empresse de faire l'acquisition d'un livre aussi savant.

[1]) Cet ouvrage important (2 in-4⁰ de 590 et 409 pages) avait paru dès 1774.
[2]) 2ᵉ volume de juin, p. 437.

Dom Berthod qui est parti d'ici avant-hier pour s'en retourner à Besançon a conçu le dessein d'engager un de ses confrères d'en donner un abrégé en français; en quoi je l'ai fort approuvé. J'avais pensé avant lui à en chercher dans notre congrégation quelqu'un qui voulut se charger du même travail, mais je n'ai rencontré personne qui eut cette bonne volonté. Les lettres s'en vont parmi nous avec la régularité.

J'ai l'honneur ... etc. ...

F. Fr. CLÉMENT.

Dom Berthod, dont il vient d'être question, est connu de mes lecteurs. [1] Je ne crois pas que le projet dont il entretint D. Clément ait été réalisé. La Révolution du reste allait venir « mettre fin à cette prodigieuse activité littéraire des bénédictins — ce sont les expressions de Benjamin Guérard [2] — dont il n'y a jamais eu d'exemple. »

XIII.

A Paris, ce 25 septembre 1779.

Monsieur et Révérendissime.

Le nouveau gage de bienveillance que vous m'avez donné en m'envoyant votre savant ouvrage des liturgies germaniques [3] a fait sur moi toute l'impression qu'exige le devoir de la reconnaissance et le mérite du don. Les aimables confrères qui me l'ont remis de votre part, vous rendront compte de l'accueil qu'on leur a fait aux Blancs-Manteaux dont ils ont préféré le séjour à celui de S. Germain où ils étaient d'abord descendus. [4] Je crois n'avoir rien omis pour leur faire mettre à profit leur voyage. Mon collègue a fait de même, et nous

---

1) Le N° 1 des *Correspondants de Grandidier* lui est consacré.
2) *Polyptique d'Irminon.* Préface, p. 8.
3) La *Vetus liturgia alemanica* avait paru dès 1776; mais les *Monumenta* seulement à la date de cette lettre.
4) Même chose était arrivée à D. Gerbert lui-même qui raconte dans son *Iter gallicum* avoir préféré l'hospitalité des Blancs-Manteaux.
Cfr. la lettre du 20 octobre 1788.

nous sommes relayés pour leur faire voir tout ce qu'il y a de plus curieux dans cette capitale.

Vous savez le vide qu'ont laissé dans notre maison la mort de Dom Tassin et celle de Dom Clémencet. [1]) Il ne sera jamais rempli parce que les sujets de cette trempe nous manquent, et qu'on n'est nullement disposé à perpétuer le goût des bonnes études dans cette maison. Il paraît que le Seigneur y a consommé son œuvre et que bientôt il s'en retirera comme il a déjà fait de presque toutes nos autres maisons. Si je vous disais que tel est l'effet de la bulle *Unigenitus*, vous ne m'en croiriez pas; cependant je vous parlerais d'après le témoignage de mes yeux qui depuis 50 ans voient l'esprit de religion s'affaiblir parmi nous à proportion du progrès qu'y fait ce fatal décret. Je prie Dieu qu'il préserve votre maison d'une si funeste décadence et qu'il augmente et affermisse le bien que vous y avez établi. C'est le vœu que m'inspire le très respectueux dévouement avec lequel je suis … etc. …

F. F. CLÉMENT.

Les réflexions qui terminent cette lettre paraîtront sans doute peu orthodoxes à la plupart de nos lecteurs, et cependant que de choses on pourrait dire qui justifieraient notre bon bénédictin ! Je citerai seulement un passage des curieux *Mémoires* de l'abbé Le Gendre, — très anti-janséniste chanoine de Paris — passage qui rend assez bien ma pensée à ce sujet, en attendant qu'à une autre occasion je la fasse connaître davantage. Voici ce que dit Le Gendre [2]) : « Cette bulle (la bulle *Unigenitus)* n'était point née sous une heureuse étoile, et il est étonnant comment on ne prévit pas à Rome, avant de la lâcher pour satisfaire les jésuites, non seulement qu'elle ne serait point reçue avec acclamation, mais qu'infailliblement elle exciterait de si grands troubles en France et en Flandre qu'on regretterait de l'avoir don-

---

1) Dom Tassin était mort en 1777, Dom Clémencet en 1778.
2) P. 303. Cfr. encore p. 344.

née. Les jésuites [1] en avaient été les principaux ou plutôt les uniques solliciteurs ; aussi étaient-ils les seuls à qui la bulle pût être utile, en ce qu'elle semblait les relever des différentes condamnations qu'ils avaient essuyées depuis 80 ans sur la morale et la discipline. Ne pouvant produire de bien, pouvant au contraire causer bien du mal, il eut été à souhaiter que jamais elle n'eut paru. Le pape y condamne 101 propositions, et quoique ces propositions semblent la plupart être tirées de l'Ecriture et des Pères, et que dans leur sens naturel elles ne présentent que des pensées pieuses et chrétiennes, il les condamne comme impies, comme fausses, comme blasphématoires, comme séditieuses, comme hérétiques. Qui n'en eut été effrayé ? Il y a bien des gens à qui il vint en pensée que l'on avait surpris la religion de Sa Sainteté, d'autant plus qu'elle ne marque point en quel sens ces propositions sont mauvaises, et que, n'en qualifiant aucune, elle semble ne rien décider. Ces 101 propositions n'étant point qualifiées chacune en particulier, de quelle utilité la constitution peut-elle être au fidèle le plus soumis pour fixer sa créance sur les contestations présentes ? Comment peut-il former un acte de foi sur l'héréticité de ces propositions, dès qu'il ne peut discerner celles qui sont hérétiques d'avec celles qui ne le sont pas ? »

Il est en tout cas hors de doute, — ceci est un fait — qu'à partir de la bulle *Unigenitus* l'Eglise de France resta profondément troublée. On peut même dire qu'elle ne se remit plus de ce bouleversement jusqu'à la Révolution.

---

[1] Avec lesquels Le Gendre était très lié, c'est à remarquer.

Mais laissons là ce sujet brûlant pour en revenir à Dom Clément et aux nouvelles de la littérature.

XIV.

A *Paris,* aux Blancs Manteaux
ce 4 juillet 1782.

Monsieur et Révérendissime,

J'ai l'honneur de vous donner avis que le P. Mercier, abbé de S. Léger de Soissons [1]), a fait la découverte d'un manuscrit sur papier, écriture du XVe siècle, contenant *Joannis de Muris Musica speculativa et practica,* et à la suite de cet ouvrage, un opuscule de 4 pages intitulé : *Tractatulus de differentiis et gradibus cantorum, a Magistro Arnulpho de S. Gilleno editus,* dont voici le commencement : *Existimo quod tunc temporis quatuor principales sunt differentiæ cantorum.* Si vous souhaitez avoir une copie de ce manuscrit, M. de Brequigny avec lequel ce génovefain est en relations, s'offre de vous la fournir. C'est lui-même qui me l'a dit en me communiquant le billet par lequel l'abbé de S. Léger lui fait part de sa découverte. Vous n'ignorez pas sans doute la demeure de cet académicien qui est vis-à-vis les Jacobins de la Rue S. Honoré. Je suis ravi de trouver cette occasion de me renouveler dans l'honneur de votre souvenir et de vous prouver le sincère et respectueux dévouement avec lequel je suis ... etc. ...

F. F. CLÉMENT.

XV.

A *Paris* aux Blancs Manteaux
ce 4 août 1782.

Monsieur et Révérendissime,

Le manuscrit sur la musique dont vous désiriez d'avoir un extrait est présentement entre mes mains. L'abbé de S. Léger vous le cède

[1]) Le célèbre bibliographe.

pour la somme de 18 l. C'est un in-8° en papier de 150 pages. Je ne doute point que vous ne préfériez de l'acquérir plutôt que d'en faire tirer un extrait, ce que mes occupations ne me permettent pas d'exécuter, et que je ne puis confier à aucun autre, attendu que je ne connais personne qui soit disposé à vous rendre ce service. Mais par quelle voie dois-je vous le faire parvenir? je n'en connais point d'autre que la poste. Mais de m'en servir ce serait augmenter la dépense plus que du double. Ayez donc la bonté d'en chercher une autre et de me l'indiquer. Je suis, en attendant... etc.

F. F. CLÉMENT.

XVI.

À Paris, ce 11 novembre 1782.

MONSIEUR ET RÉVÉRENDISSIME.

Il y a trois mois ou environ que le manuscrit que vous désirez est entre les mains du Sr Barrois, le jeune, libraire, qui attend de jour en jour une occasion pour le faire parvenir à l'adresse que vous m'avez marquée. Mais puisque vous me mandez par votre dernière lettre que je viens de recevoir, de vous procurer la collection des Historiens de France par Dom Bouquet, en vous envoyant cet ouvrage qui consiste présentement en 12 volumes in-fol. j'y joindrai le manuscrit dont il s'agit, et ferai du tout un ballot pour être mis à la messagerie de Bâle. Je ne me souviens pas que vous m'ayez articulé les nouvelles éditions des Pères que vous souhaitez acquérir. Ayez, s'il vous plaît, la bonté de vous expliquer nettement là-dessus et vous serez servi le plus promptement qu'il me sera possible.

Le prix des 12 volumes de Dom Bouquet en feuilles est de 360 l. à raison de 30 l. le volume; mais comme je continue cet ouvrage, dont le 12e volume est de ma façon, je puis vous faire avoir sur chaque volume une diminution de trois livres; ainsi le tout ne vous reviendra qu'à 324 l. non compris le port. A l'égard des éditions des Pères, comme il n'y en a plus dans les magasins des libraires, je ne puis vous dire quand et à quel prix je pourrai vous les acquérir. Vous savez sans doute que le premier volume de S. Grégoire de Naziance est en route depuis l'année dernière.[1] La souscription qui n'est point encore

---

[1] On sait que cette édition devait être interrompue, et n'être continuée qu'après la Révolution.

fermée est de 54 l. J'ai vu avec plaisir la personne respectable que vous aviez chargée de votre lettre et nous avons parlé ensemble de l'Allemagne.

J'attends au plutôt l'honneur de votre réponse et suis ... etc.

F. F. CLÉMENT.

XVII.

A Paris, aux Blancs Manteaux
ce 20 octobre 1788.

Monseigneur et Révérendissime.

Vous nous avez comblé de reconnaissance par les nouveaux fruits de votre plume aussi féconde que savante dont vous avez bien voulu nous gratifier. Votre portrait qu'on y a joint me rappelle ce moment si précieux et si court où j'ai eu l'avantage de voir ici l'original. [1]) Il faut que Paris après le coup d'œil que vous avez jeté si rapidement, vous ait bien peu frappé, pour ne vous avoir pas inspiré le désir de le revoir un jour plus à loisir et plus amplement. Je me souviens qu'en le parcourant avec vous je vous faisais en vain observer les objets curieux qui se rencontraient sur notre route. Vous me répondiez : *Sum religiosus, non sum curiosus*. Mais Vienne et Rome que vous avez vus depuis [2]), montrent par le séjour assez long que vous y avez fait, la préférence que vous leur donnez sur Paris. Vous ne le reconnaîtriez pas, si vous y reveniez, tant on y a fait de changements. Le duc de Wurtemberg doit y revenir dans le cours de cet hiver où je compte avoir l'honneur de lui renouveler mes hommages et lui faire mes très humbles remercîments des savants mémoires qu'il m'a fait parvenir depuis la dernière lettre que j'ai eu l'honneur de vous écrire, sur la chronologie historique de sa maison. [3]) Je conserve précieusement la lettre infiniment obligeante qu'il y a jointe. Vous voyez par là que l'incertitude où la longueur de son silence m'avait laissé, n'était pas

---

[1]) Lors du voyage de D. Gerbert à Paris en 1759.

Dans son *Iter Gallicum* déjà souvent cité, Gerbert rend un hommage public à son *Cicerone* des Blancs Manteaux, qu'il appelle son *fidissimus comes* (p. 527).

[2]) Gerbert alla cinq fois à Vienne, et c'est en 1761—62 qu'il fit son voyage d'Italie.

[3]) Pour la nouvelle édition de l'*Art de vérifier les dates*.

à beaucoup près d'un augure aussi fâcheux que vous et moi nous l'étions imaginé.

J'ai l'honneur d'être ...

F. F. CLÉMENT.

Avec cette lettre se termine cette correspondance, interrompue sans doute par les évènements de la Révolution qui vinrent attrister les dernières années de nos deux savants, morts l'un et l'autre dans le cours de l'année 1793.

MAREDSOUS, *avril 1895.*